AF460801

CONSEIL D'ÉTAT.

DISCUSSION
DU PROJET
DE CODE CIVIL.

N.° 14.

SÉANCE du 5 Vendémiaire, an 10 de la République.

LE PREMIER CONSUL préside la séance.

Les deux autres Consuls sont présens.

On continue la discussion de la section II du chap. III, intitulée, *des Demandes en nullité de Mariage.*

L'article VII est soumis à la discussion ; il est ainsi conçu :

« La nullité résultant de ce qu'un mariage aurait » été contracté par une personne frappée de condamnation emportant mort civile, peut être réclamée par » l'autre époux. »

Le C. MALEVILLE dit que la nullité du mariage dont parle l'article, étant absolue, le droit de la réclamer doit être étendu aux pères et aux aïeuls de l'autre époux, et en un mot à tous ceux qui ont intérêt à la faire valoir.

Le C. RÉAL dit que cette nullité n'est établie que par l'intérêt de l'époux qui a été induit en erreur.

Le C. TRONCHET dit qu'un homme mort civilement ne pouvant communiquer les droits de famille, ni par conséquent donner à ses enfans le droit de succéder à

des collatéraux, il est inconséquent de supposer que son mariage aura des effets vis-à-vis de tiers.

Le C. REGNAUD (de S.t-Jean-d'Angely) dit que ce serait contredire les principes adoptés sur la mort civile, laquelle retranche tellement un homme de la société, que la loi ne reconnaît pas ses enfans.

Le C. RÉAL observe que l'état des enfans pourrait cependant être assuré par la bonne-foi de l'autre époux.

Le C. TRONCHET dit que les effets de cette bonne-foi sont une exception à la régle générale ; qu'au surplus, ils sont bornés à celui des deux époux qui a été trompé et à ses enfans.

Au surplus, la nullité du mariage étant absolue, elle peut être invoquée par tous.

Le CONSUL CAMBACÉRÉS dit que cette discussion amène une observation générale.

Ne serait-il pas avantageux de ne pas déterminer d'une manière absolue, par qui et dans quels délais l'action peut être exercée, et de laisser tous ces points à l'arbitrage du juge !

Le C. TRONCHET dit que le principe général est qu'il y a des nullités absolues et des nullités relatives. Autrefois, quand il s'agissait de les distinguer, les questions que cette distinction faisait naître étaient décidées d'après la jurisprudence : aujourd'hui les nullités n'étant pas les mêmes, et les anciennes ayant disparu, la jurisprudence ne peut pas être appliquée à ces sortes de questions. Or, l'objet de ce titre est de classer les nullités et de les distinguer. Au reste, les nullités absolues peuvent être proposées par tous; les nullités relatives, seulement par les personnes intéressées.

Le PREMIER CONSUL dit que l'article paraît supposer un mariage quelconque de la part du mort civilement ; qu'il serait donc possible que ce mariage subsistât s'il n'était pas attaqué; qu'ainsi, il vaut mieux ne pas parler de ces sortes de mariages.

Le C. TRONCHET dit qu'on n'en parle que pour régler la manière dont ils peuvent être attaqués, et que l'objet de l'article est de décider à quelles personnes il appartient ou il n'appartient pas d'en demander la nullité; qu'au reste, le mariage des morts civilement étant privé de tout effet civil, n'engage pas ceux entre lesquels il est formé.

Mais un point sur lequel il importe de se fixer avant tout, c'est l'ordre qu'on donnera à cette section. On peut classer ses dispositions ou suivant les diverses espèces de nullités, ou suivant les personnes qui ont le droit de les proposer. Ce dernier ordre est celui que les rédacteurs du projet de Code civil avaient suivi : si on l'adoptait, on dirait d'abord quelles nullités peuvent être réclamées par les époux ; quelles peuvent l'être par les père, mère, aïeul et aïeule ; quelles peuvent l'être par les collatéraux. Ceux-ci n'ont la faculté d'attaquer un mariage frappé de nullité absolue, que *lorsqu'ils* ont intérêt à le faire casser ; parce qu'après tout ce mariage subsiste dans le fait, et qu'ils n'ont pas qualité pour le discuter. L'intérêt dont il s'agit ne pourrait être que pécuniaire, à la différence des ascendans, qui ont un intérêt d'une autre nature.

Le C. PORTALIS dit qu'il aimerait mieux classer les dispositions du Projet par espèces de nullités, parce que l'autre classement serait plus embarrassé. Le changement survenu dans la législation ne s'opposerait point au classement qu'il propose : *à la vérité*, les nullités ne sont plus les mêmes ; mais les anciennes sont remplacées par des nullités nouvelles qui sont de la même nature. La nullité relative, résultant de la non-présence du propre curé, est remplacée par celle qui résulterait de l'absence de l'officier de l'état civil. Les empêchemens dirimans forment encore des nullités absolues.

On commencerait par décider que les nullités absolues peuvent être réclamées par tous ceux qui ont intérêt de les faire valoir ; les nullités relatives, par ceux en faveur de qui elles sont établies.

On définirait ensuite chaque nullité.

Le C. TRONCHET trouve cet ordre infiniment simple ; il observe que seulement on devra ne pas omettre d'exprimer que le ministère public peut aussi faire valoir les nullités absolues.

Le C. PORTALIS dit que les nullités absolues sont quelquefois couvertes par des considérations qui arrêtent l'action du ministère public. En général, *il* y a deux sortes de nullités absolues : rien ne saurait couvrir le scandale des unes ; telle est la nullité qui résulte de l'inceste : il y aurait au contraire plus de scandale à faire valoir les autres qu'à les dissimuler, et à troubler la paix des ménages pour de simples omissions de formes.

Le C. TRONCHET dit que la loi ne sera cependant pas aussi simple qu'on paraît le croire. Il faudra entrer dans une infinité de détails pour distinguer les diverses espèces de nullités : car toutes les nullités absolues ne produisent pas le même effet ; il en est qui peuvent se couvrir, comme est celle résultant du défaut d'âge.

Le C. PORTALIS dit qu'il y a des nullités continues et d'autres qui ne le sont pas. Les collatéraux peuvent faire valoir les premières ; mais s'ils ne le font pas, s'ils frayent avec les époux, si la paix est établie dans la famille, si la nullité ne résulte que de l'inobservation de quelques formes, permettra-t-on au ministère public de venir troubler cette heureuse harmonie ? C'est encore là une de ces nuances qu'il faudra saisir pour régler l'étendue de son action.

Le C. RÉAL dit que les idées qui viennent d'être developpées, démontrent qu'on ne pourra se dispenser d'établir d'abord la théorie des nullités et de l'asseoir sur ses vrais principes. M. *d'Aguesseau* trouvait quelque chose de barbare dans la distinction entre les nullités absolues et les nullités relatives.

Le C. PORTALIS dit que tout ce qui est conforme à la nature des choses et à l'ordre public, ne saurait être barbare. Ces expressions de *nullités absolues, nullités relatives*, ne sont employées que sous ce rapport ; ce sont des termes techniques et simples, qui rendent des idées composées, et qui, sous ce rapport, doivent être conservés dans le langage des lois. M. *d'Aguesseau* distingue, dans tous ses plaidoyers, les nullités absolues des nullités relatives ; et il tenait à cette distinction, parce qu'il tenait à la paix des familles : il voulait que l'offense faite à la majesté des mœurs en la personne du père, ne produisît qu'une nullité relative, afin que le père pût remettre l'offense ; mais il réclamait avec force contre la faculté malheureuse qu'aurait le ministère public d'élever la voix lorsque l'offensé pardonne.

Le PREMIER CONSUL dit que le Projet explique par qui la nullité pourra être demandée ; mais qu'il n'explique pas en quels cas le mariage est nul de plein droit.

Le C. TRONCHET dit que jamais le mariage n'est nul de plein droit : il y a toujours un titre et une apparence qu'il faut détruire. Mais en quels cas la nullité peut-elle être demandée ? par qui peut-elle l'être ? voilà les questions que présente cette matière.

Quant à la difficulté du classement proposé, elle disparaîtra, si, après avoir distingué les nullités absolues d'avec les nullités relatives, on énumère les exceptions qui couvrent les unes et les autres.

Le CONSUL CAMBACÉRÉS demande s'il n'est point de nullité qui soit absolue ou relative suivant les circonstances.

Le C. TRONCHET répond qu'une nullité relative ne peut jamais devenir absolue, parce qu'elle n'a de force que par la réclamation de ceux en faveur desquels elle est établie.

LE PREMIER CONSUL dit qu'il serait trop dur de donner à ces sortes de nullités une durée indéfinie ; qu'il faudrait les circonscrire dans un délai déterminé. Par exemple, doit-on écouter la réclamation d'un père qui n'a pas donné de consentement au mariage de son fils mineur ; qui cependant l'a connu, et a gardé un long silence ?

Le C. TRONCHET répond que le silence du père sera une exception que fera valoir le fils, parce qu'il équivaut à une ratification tacite du mariage. Dans tous les temps, la moindre approbation de la part du père a établi une fin de non-recevoir contre lui. La loi pourrait donc le déclarer non recevable, dans tous les cas où il aurait consenti directement ou indirectement au mariage contracté sans son autorité.

Le CONSUL CAMBACÉRÉS dit qu'on doit trouver dans la loi un moyen de faire prévaloir l'équité à la sévérité des principes.

Le C. MALEVILLE dit que, suivant le Projet, la nullité résultant du défaut de consentement du père ou de la famille, est couverte par la majorité des époux : mais cette fin de non-recevoir pourra-t-elle être invoquée par ceux qui ne sont mariés que deux jours avant leur majorité ? C'est pour prévenir cette fraude, que le tribunal de cassation propose que la fin de non-recevoir ne soit admise que deux ans après la majorité.

Ce délai serait trop long, sans doute; mais il en faut un quelconque.

Le PREMIER CONSUL dit qu'indistinctement, et dans tous les cas, le père et la famille doivent perdre le droit de réclamer contre le mariage fait sans leur aveu, lorsqu'ils n'ont pas proposé leur réclamation un mois après qu'ils ont eu connaissance du mariage; car ils ne devaient pas rester neutres.

Le C. TRONCHET dit que ce délai serait trop court; il affaiblirait la puissance paternelle, dont l'intérêt se lie avec celui des mœurs. Il est une foule de moyens et de ruses pour soustraire à la connaissance du père et de la famille, le mariage du mineur: l'argent, sur-tout, peut beaucoup dans cette occasion, car, avec ce secours, on parvient à faire dresser un procès-verbal d'affiches, quoiqu'il n'y ait pas eu d'affiches. Il faudrait assigner à la réclamation du père, le terme d'un an, à compter du jour où il a eu connaissance du mariage.

Le CONSUL CAMBACÉRÉS propose de déclarer le mariage d'un mineur nul, lorsqu'il a été contracté sans le consentement de ceux dont l'autorisation était nécessaire, à moins qu'il ne résulte des circonstances, que le père ou ceux qui étaient fondés à l'attaquer, en ont eu connaissance, et qu'ils n'ont pas réclamé, ou ont pardonné l'injure.

Le C. TRONCHET dit qu'une telle disposition serait préférable à celle qui fixerait un délai pour la réclamation. Ce délai, quel qu'il soit, peut être trop court dans certaines circonstances. Il vaut donc mieux que les circonstances soient pesées par le juge, et qu'il se décide d'après les preuves qui en résultent.

Le C. RÉAL dit que l'action du père serait inutilement prolongée au-delà de la majorité du fils, parce qu'alors le consentement du père ne lui étant plus nécessaire, le fils rétablirait son mariage en le contractant de nouveau.

Le CONSUL CAMBACÉRÉS dit que le C. *Réal* ne résout point la difficulté, puisqu'il demeure toujours constant qu'un père n'a pas le temps de réclamer contre un mariage contracté trois jours avant la majorité du fils, si cette majorité est le terme de la faculté de réclamer.

Le C. RÉAL dit que le cas d'un tel mariage sera très-rare, puisque, pour le valider, il suffirait au fils de le différer de trois jours ; mais qu'il est dangereux et contraire aux mœurs, de permettre la cassation d'un mariage qui serait ensuite contracté de nouveau.

Le PREMIER CONSUL dit qu'en principe le consentement du père, et le droit de réclamer contre le mariage de son fils mineur lorsqu'il n'y a pas consenti, sont une précaution établie, non pour l'intérêt du père, mais pour l'intérêt du fils ; qu'elle est inutile au fils devenu majeur, puisqu'alors la loi suppose qu'il est en état d'agir pour lui-même, et de connaître ce qui lui est avantageux : le droit de réclamer contre son mariage ne doit donc appartenir qu'à lui seul.

Le C. RÉAL dit qu'il ne peut revenir contre le consentement qu'il a donné étant mineur.

Le PREMIER CONSUL répond qu'il n'a pu consentir, puisqu'il était incapable de contracter.

Le C. TRONCHET dit que ceci rentre dans la question de savoir si un époux peut réclamer lui-même contre son mariage.

Ici la difficulté se résout par un principe fort simple ; c'est que celui qui ne peut disposer de ses biens, peut encore moins disposer de sa personne.

Le C. BOULAY rappelle la discussion à l'objet sur lequel elle est établie ; il persiste à croire que le classement proposé par les CC. *Portalis* et *Tronchet* sera très-difficile.

Le PREMIER CONSUL dit qu'en général le projet de Code civil ne laisse pas assez de latitude aux tribunaux, et qu'il n'est pas assez dogmatique. Si la loi n'indique pas le but qu'elle veut atteindre et n'explique pas ses intentions, on décidera souvent contre son vœu par l'analyse de ses dispositions.

Le C. BOULAY dit que le procès-verbal levera les doutes et expliquera l'intention de la loi.

Les articles discutés et ceux qui ne l'ont pas été, sont renvoyés à la section de législation pour en présenter une rédaction nouvelle, d'après le plan tracé par les CC. *Portalis* et *Tronchet*.

Les articles non discutés sont ainsi conçus :

Art. VIII. « Les père et mère, aïeul et aïeule, dans » le cas où leur consentement au mariage est requis par » la loi, peuvent demander la nullité du mariage qui a » été célébré sans ce consentement. »

Art. IX. « Le conseil de famille, dans le cas où son » consentement au mariage est requis par la loi, peut » demander la nullité du mariage qui a été célébré sans » que le consentement du conseil ait été donné ou sup- » pléé par la loi. »

Art. X. « La demande en nullité résultant du défaut » de consentement des père, mère, aïeul, aïeule, ou » du conseil de famille, ne peut plus être formée par » les père, mère, aïeul, aïeule, ou le conseil de famille » de celui des époux qui aura cessé, par sa majorité, » d'être sous la puissance des ascendans ou du conseil. »

Art. XI. « Les héritiers ne sont pas recevables à atta- » quer de nullité le mariage pendant la vie du conjoint » dont ils sont parens ; et ils ne le peuvent, au décès » de ce conjoint, qu'autant qu'ils y ont un intérêt civil » et personnel, et dans les seuls cas où le mariage a » été contracté en contravention de l'article II, des deux » premiers paragraphes de l'article III, des articles V, » XIII et XIV. »

Art. XII. « Tout mariage prétendu contracté en France » entre Français, ou entre Français et étranger, lequel » n'a point été célébré, conformément à l'art. XXVI, » devant l'officier public, est radicalement nul, et ne » produit aucun effet civil ni aucun lien civil entre les » deux époux. »

Art. XIII. « L'action résultant de ce qu'un officier » public devant lequel un mariage aurait été réelle- » ment célébré, n'en aurait rédigé l'acte que sur une » feuille volante, peut être intentée tant par les époux » eux-mêmes, que par le commissaire du Gouverne- » ment. »

Art. XIV. « Elle est dirigée par le commissaire, tant » contre l'officier public que contre les époux eux- » mêmes, si le délit a été commis de concert avec eux, » ou contre celui des deux époux qui aurait seul con- » couru à la fraude ; et, dans ce dernier cas, l'action » peut être intentée contre cet époux par l'autre. »

Art. XV. « Dans le cas où la preuve de la célébra- » tion du mariage se trouve acquise par l'événement » d'une procédure criminelle, l'inscription du jugement

» sur les registres de l'état civil assure au mariage, à » compter de sa célébration, tous les effets civils tant » à l'égard des époux qu'à l'égard des enfans. »

Art. XVI. « Le mariage auquel on ne peut opposer » que l'omission des formalités prescrites par les ar- » ticles XXI, XXII, XXIII, XXIV et XXV, ou de » quelqu'une de ces formalités, si d'ailleurs il ne con- » tient aucune contravention aux dispositions conte- » nues dans le chapitre I.er du présent titre, doit être » réhabilité, soit à la réquisition des époux, soit à la » diligence du commissaire près le tribunal de première » instance.

» Le défaut de réhabilitation n'autorise pas néan- » moins les époux ni les tiers, à en demander la nullité : » mais si la réhabilitation n'en est provoquée que par » le ministère public, les parties contractantes, ou leur » tuteur si elles étaient mineures, sont condamnées à » une amende proportionnée à leurs facultés, laquelle » ne peut être moindre de cent francs, et ne peut excé- » der mille francs. »

Art. XVII. « La réhabilitation qui a lieu dans les » cas de l'article précédent, valide le mariage, du jour » de sa première célébration, tant à l'égard des époux » que des enfans issus de ce mariage. »

Art. XVIII. « Tout mariage qui a été déclaré nul, » produit néanmoins les effets civils, tant à l'égard des » époux qu'à l'égard des enfans, lorsqu'il a été contracté » de bonne-foi par les deux époux.

» Si la bonne-foi n'existe que de la part de l'un des » deux époux, le mariage ne produit les effets civils » qu'en faveur de cet époux et des enfans. »

Le C.en RÉAL présente le chapitre IV, intitulé, *des Obligations qui naissent du Mariage, et de ses Effets civils.*

L'article I.er est ainsi conçu :

« Les époux contractent ensemble, par le fait seul » du mariage, l'obligation de nourrir, entretenir et » élever leurs enfans.

» L'enfant n'a point d'action contre ses père et mère, » pour un établissement par mariage ou autrement. »

Le C. MALEVILLE rappelle qu'en pays de droit écrit, la fille avait action contre son père pour en obtenir une dot. Cette action était autorisée par le chapitre 35 de la loi *Julia*.

Le tribunal d'appel de Montpellier et plusieurs autres demandent qu'elle soit conservée. Il est utile en effet que les filles se marient, et les pères sont dans l'obligation de les doter. A Athènes, la loi dispensait les enfans de fournir des alimens à leurs pères, lorsque ceux-ci les avaient laissés dans le besoin. Cependant cet article, loin de laisser subsister tacitement l'usage des pays de droit écrit, établit une disposition toute contraire.

Le C. BOULAY dit que l'action dont on parle était juste dans le droit romain. Là, le père était maître absolu de la personne et des biens de ses enfans ; tout était contre eux ; il fallait bien que ce droit rigoureux fût modifié par quelque tempérament.

Le C. RÉAL dit que l'expérience des pays coutumiers a prouvé que cette action n'était pas nécessaire.

Au reste, c'est précisément parce qu'il y a une jurisprudence que la loi ne peut rester muette, mais qu'elle doit s'expliquer.

Le CONSUL CAMBACÉRÈS dit que le respect pour la qualité de père, doit céder cependant à la vérité des choses. On ne peut mettre toujours l'équité du côté des pères, et l'injustice du côté des enfans : il existe des pères sordides et injustes. Rien ne serait donc plus bizarre que de donner au père la jouissance des biens de son fils mineur, et de ne pas donner aux filles, à un certain âge, le droit de demander une dot. Au surplus, la disposition peut être conçue de manière à ne pas devenir nuisible.

Le C. TRONCHET dit que les rédacteurs du projet de Code civil ont trouvé en France deux systèmes établis. Dans les pays de droit écrit, la fille avait une action contre son père pour demander une dot : cette jurisprudence était une modification à l'extrême étendue que le droit écrit donne à la puissance paternelle ; et voilà pourquoi la fille n'avait pas la même action contre sa mère. Dans les pays coutumiers, au contraire, on tenait pour maxime, que *ne dote qui ne veut.*

Il fallait choisir entre ces deux systèmes.

Les rédacteurs se sont déterminés par le principe que la loi doit, autant qu'il est possible, ne pas déranger les habitudes des hommes ; en conséquence, ils ont préféré la règle du droit coutumier, lequel régit la majorité de la France. La preuve qu'ils ne se sont pas trompés à cet égard, c'est que peu de tribunaux ont réclamé contre la disposition. Que l'on compte ces tribunaux, qui sont tous des pays de droit écrit; et l'on sera convaincu que les rédacteurs se sont conformés aux habitudes de la majorité des Français.

Une autre considération encore a déterminé les rédacteurs : ils ont réfléchi que la dureté des pères envers leurs enfans est un des cas, et en quelque sorte une exception à l'ordre naturel des choses; en conséquence, ils ont cru devoir s'arrêter davantage aux inconvéniens plus fréquens que produirait la jurisprudence des pays de droit écrit, qu'aux inconvéniens rares que peut avoir l'usage des pays coutumiers. Il faut bien se garder d'armer les enfans contre leur père : l'action qu'on propose de leur donner deviendrait un moyen de le gêner, de l'embarrasser, de rompre ses spéculations. Quelquefois il ne voudra pas consentir à un mariage indiscret; et l'on forcera son consentement, en le plaçant dans l'alternative ou de le donner, ou d'exposer aux regards du public le bilan de ses affaires. Au reste, pour corriger les abus rares du refus des pères, on pourrait autoriser la famille à réclamer la dot au nom de la famille.

Le C. MALEVILLE soutient que la plus grande partie de la France vit sous l'empire du droit romain. Il régissait déjà la moitié de l'ancien territoire; il régit également presque tous les départemens réunis, la Savoie, le comté de Nice, la Belgique, sauf quelques statuts particuliers, et les quatre départemens nouveaux.

Au fond, les mariages sont favorables et préviennent la corruption des mœurs; aussi *Domat* dit-il : « La fille » qui se marie doit être dotée par son père, s'il est vivant; » car le devoir du père de pourvoir à la conduite de ses » enfans, renferme celui de doter sa fille. » Que du moins on ne détruise pas formellement la jurisprudence des pays de droit écrit.

Le C. RÉAL répond que le Code civil ne peut laisser subsister la différence des lois; et même s'il ne détruisait formellement l'usage du pays de droit écrit, il serait possible qu'on vînt à l'adopter dans les pays coutumiers.

Le PREMIER CONSUL dit qu'il est avoué que le Code civil ne peut pas se taire sur la question; mais il voudrait qu'on discutât les motifs de la loi *Julia*. Il est difficile de concevoir que la puissance paternelle, qui n'est instituée que pour l'intérêt des enfans, pût tourner contre eux. D'ailleurs, c'est un principe constant que le père doit des alimens à tous ses enfans. Cette obligation va jusqu'à marier sa fille ; car elle ne peut former d'établissement que par le mariage, tandis que les garçons s'établissent de beaucoup d'autres manières. C'est, sans doute, cette différence qui a porté la loi *Julia* à accorder aux filles une action qu'elle refuse aux garçons.

Le C. MALEVILLE dit que l'objet de la loi *Julia* est de favoriser les mariages.

Le C. TRONCHET soutient qu'elle avait pour but de tempérer la dureté de la puissance paternelle telle qu'elle existait chez les Romains. Il en donne pour preuve que cette loi n'accordait point d'action contre la mère pour l'obliger de fournir une dot.

Le PREMIER CONSUL adopte le terme moyen proposé par le C. *Tronchet*, et qui consiste à faire présenter la réclamation par la famille.

Le C. MALEVILLE rappelle que la novelle 115 aurorise le père à déshériter sa fille, si elle a refusé de se marier, et qu'elle vive dans le libertinage ; mais cette novelle ajoute : *Si verò usque ad viginti quinque annorum ætatem pervenerit filia, et parentes distulerint eam marito copulare, et forsitan ex hoc contigerit in suum corpus eam peccare, aut sine consensu parentum marito se, libero tamen, conjungere, hoc ad ingratitudinem filiæ noluimus imputari ; quia non suâ culpâ, sed parentum, id commisisse cognoscitur.*

Le C. TRONCHET propose les amendemens suivans :

1.° Qu'un conseil de famille décide s'il y a lieu à l'action ;

2.° Qu'il la dirige : il est inconvenant d'autoriser une fille à actionner directement son père.

Le CONSUL CAMBACÉRÉS dit qu'on ne peut se dispenser de décider la question, afin de rendre la législation uniforme ; mais la disposition pourrait être moins absolue que dans le Projet. Après avoir dit que le père doit nourrir, entretenir et élever ses enfans, il suffirait d'ajouter : « Ses obligations peuvent s'étendre jusqu'à leur » procurer un établissement si ses facultés le permettent, » si le conseil de famille le juge nécessaire et possible, &c. »

Le C. TRONCHET ajoute un nouvel amendement à ceux qu'il a présentés. Il propose de n'ouvrir l'action que lorsque la fille aura atteint l'âge de vingt-cinq ans.

Les considérations qui portent le père à différer jusque-là ne doivent être ni dévoilées ni jugées.

Le C. CRETET demande s'il y a beaucoup d'exemples qu'on ait fait usage de l'action dans les pays de droit écrit, et sur-tout qu'elle ait eu une issue heureuse. En effet, cette action ouvre une guerre entre le père et la fille : le père peut donc dissimuler et déguiser sa fortune. L'expérience prouve-t-elle qu'on soit parvenu à surmonter ces difficultés, et à obliger le père de fournir réellement une dot !

Le CONSUL CAMBACÉRÈS dit que rarement on a fait usage de l'action; mais quand elle a été intentée, et qu'on a reconnu des facultés au père, on a fixé la dot à la moitié de celle qu'il eût donnée volontairement.

Le C. LACUÉE dit que la crainte seule du procès déterminait les pères à marier leurs filles.

Le C. PORTALIS examine comment la loi qui ouvre l'action a été établie. Cette action fut inconnue tant que Rome conserva ses mœurs républicaines. Les empereurs entreprirent de les changer; et, dans cette vue, ils tentèrent d'affaiblir la puissance paternelle, qui était étroitement liée aux anciennes mœurs des Romains : La loi n'a pas eu d'autres motifs. Les filles en ont rarement usé; mais quand l'action était présentée, le père ne pouvait se dispenser de fournir son bilan, afin qu'on déterminât *dotem congruam;* alors aussi on discutait tout-à-la-fois et ses facultés, et les avantages du mariage que la fille voulait contracter : tout était remis à l'arbitraire du juge.

En France, la législation s'est partagée : celle des pays de droit écrit a admis l'action en dot; celle des pays coutumiers l'a rejetée. Qu'arrivera-t il, si, forcé d'uniformiser la législation, on étend aux pays coutumiers la jurisprudence des pays de droit écrit ! Il y aura une commotion qui ne sera pas en faveur des pères, sur-tout dans le relâchement actuel des mœurs. Les rédacteurs du Projet ne pouvant se taire sur la question, se sont déterminés par les considérations suivantes. Ils ont examiné s'il y aurait plus de pères qui abuseraient de la liberté de ne pas doter, qu'il n'y aurait d'enfans qui abuseraient du droit d'exiger une dot. En général, on n'abuse plus d'un droit lorsqu'il est ancien; une longue habitude en a réglé l'usage et séparé les inconvéniens :

il en a été ainsi du divorce. Mais on doit craindre l'abus d'un droit nouveau, principalement lorsqu'on l'établit dans une nation dont les habitudes sont formées. Au reste, les pères barbares ne sont pas la masse des pères; il est plus ordinaire qu'ils aiment leurs enfans, qu'il ne l'est qu'ils en soient aimés. Cette différence vient de ce qu'une sorte d'esprit de propriété ajoute encore à l'amour que la nature a placé dans le cœur des pères.

Le C. MALEVILLE observe que la loi *Julia* exprime le motif sur lequel elle est fondée : c'est l'intérêt de favoriser les mariages.

Le C. PORTALIS dit qu'à la vérité la loi *Julia* ne paraît faite que pour diminuer les célibataires et favoriser les mariages; mais ce motif n'est qu'apparent, son motif réel était d'affaiblir la puissance paternelle. Peu importe au surplus l'origine de cette loi; tout se réduit à ceci : il faut choisir entre deux usages opposés; si celui du droit écrit existait par-tout, on n'aurait pas à en craindre l'abus; mais il est dangereux de l'introduire, lorsque la puissance paternelle et la sévérité des mœurs sont affaiblies.

Le C. BOULAY observe que si la crainte de la barbarie des pères pouvait être un motif de décider, elle conduirait jusqu'à renverser tout le système de la puissance paternelle. Le Code civil va enlever aux pères l'avantage qu'ils avaient de jouir des biens de leurs enfans jusqu'à l'émancipation; il est donc juste de les affranchir, par compensation, d'une action uniquement destinée à tempérer leur puissance, lorsqu'elle avait une étendue que la loi va restreindre.

Le CONSUL CAMBACÉRÉS dit qu'on ne peut forcer tous les pères indistinctement à doter leurs enfans et à les établir; mais il serait étrange qu'une disposition prohibitive empêchât de les y obliger en aucun cas. La raison et l'expérience enseignent qu'il y a des pères à l'égard desquels cette mesure est nécessaire. On parle de la dépravation des mœurs : elle est chez les pères comme chez les enfans; elle n'est même ordinairement chez les enfans que parce qu'elle est chez les pères. Il importe donc d'examiner, si dans l'état actuel, les tribunaux ne doivent pas avoir l'autorité de ramener les pères à leurs obligations. L'affirmative paraît incontestable;

c'est dans des circonstances pareilles que la loi *Julia* a été portée : en conséquence, il serait sage, après avoir posé le principe que les pères doivent des alimens à leurs enfans, d'ajouter que cette obligation *peut* s'étendre jusqu'à les marier et les établir. Cette disposition ne serait ni absolue ni rigoureuse. En général les lois civiles doivent être faites de manière qu'elles n'excluent pas les tempéramens d'équité.

On objecte qu'elle obligera le père à rendre public son bilan. Une telle objection tournerait contre l'obligation de fournir des alimens, puisque, pour y contraindre le père, il faudra aussi prendre connaissance de l'état de sa fortune.

Le C. REGNAUD (de Saint-Jean-d'Angely) dit qu'il y aurait de grands inconvéniens à rejeter la rédaction proposée. En pays de droit écrit, il est permis à la fille de demander une dot, même après qu'elle est mariée; et alors elle est sous l'influence de son mari qui n'a pas naturellement pour le père le même respect et la même tendresse que la fille. Il arriverait de là qu'un homme intéressé épouserait une fille sans dot, dans l'espoir d'en exiger une ensuite du père, qu'il poursuivrait, sous le nom de la fille, sans aucun ménagement.

Une autre raison encore s'élève contre ce système. Un père se voyant exposé aux poursuites d'enfans que leur âge et leur sexe rendent plus susceptibles de recevoir l'impression de mauvais conseils, dénaturera sa fortune. On ne pourrait l'en empêcher qu'en le réduisant à un état d'interdiction. Ainsi l'action dont il s'agit deviendrait une cause de plus de l'avilissement des propriétés, puisqu'elle réduirait une classe de citoyens à mettre leur fortune en porte-feuille, pour se ménager la facilité de ne doter leurs enfans, que suivant leur conduite.

L'article est adopté.

L'article II est soumis à la discussion ; il est ainsi conçu :

« Les enfans doivent des alimens à leurs père et mère » et autres ascendans qui sont dans le besoin.

» Les enfans doivent également des alimens à leurs » alliés dans la même ligne, à moins que lesdits alliés » n'aient convolé en secondes noces. »

Le CONSUL CAMBACÉRÉS demande ce que la section entend dans cet article par le mot *alliés*.

Le C. RÉAL répond qu'elle a entendu désigner les degrés correspondant à ceux des ascendans.

Le CONSUL CAMBACÉRÈS dit qu'alors la disposition est trop étendue, puisqu'elle pourrait obliger à fournir des alimens à une marâtre.

Le C. TRONCHET dit qu'il faudrait se servir des mots *beau-père et belle-mère*, et restreindre l'effet de la disposition aux ascendans de l'autre époux.

Le C. MALEVILLE dit que la disposition devrait être réciproque, et obliger les beau-père et belle-mère à fournir des alimens à leur gendre et à leur bru.

Le C. RÉAL répond que la situation n'est pas la même ; qu'il faut des alimens à un vieillard, mais qu'un gendre est d'un âge qui lui permet de pourvoir par son travail à sa subsistance.

Le C. MALEVILLE observe que d'ailleurs les alimens ne sont dus qu'à celui qui ne peut gagner sa vie.

Le CONSUL CAMBACÉRÈS dit que ce n'est aussi que dans ce cas que l'obligation serait réciproque.

Le C. BOULAY dit qu'un père ne doit pas d'alimens à son fils majeur ; qu'il n'est tenu que d'entretenir et d'élever ses enfans.

Le CONSUL CAMBACÉRÈS dit qu'il ne conçoit pas de circonstance qui dispense le père de fournir la subsistance à un fils dans le besoin ; que si le système contraire était admis, il devrait restreindre aussi l'obligation du fils envers le père. Cependant l'obligation générale de nourrir ses enfans, comprend nécessairement l'obligation de fournir à leur subsistance dans tous les cas où ce secours leur est nécessaire.

Le C. RÉAL dit que c'est dans l'intention de restreindre cette obligation au premier âge, et pour faire sentir qu'elle cesse lorsque l'enfant est élevé, que la section a placé le mot *élever* après celui *entretenir*.

Le C. BOULAY dit que sans doute un père n'abandonnera pas son fils dans le besoin, et que la loi ne peut le supposer ; mais que si elle impose formellement au père l'obligation de remplir ce devoir naturel, elle favorisera la paresse dans les enfans.

Le PREMIER CONSUL dit qu'il serait révoltant de

laisser à un père riche la faculté de chasser de la maison ses enfans après les avoir élevés, et de les envoyer pourvoir par eux-mêmes à leur subsistance, fussent-ils même estropiés. Telle est cependant l'idée que présente la rédaction. Si elle pouvait être admise, il faudrait donc aussi défendre aux pères de donner de l'éducation à leurs enfans ; car rien ne serait plus malheureux pour ces derniers, que de s'arracher aux habitudes de l'opulence et aux goûts que leur aurait donnés leur éducation, pour se livrer à des travaux pénibles ou mécaniques auxquels ils ne seraient pas accoutumés. Pourquoi, si le père était quitte envers eux lorsqu'il les a élevés, ne les priverait-on pas aussi de sa succession ? Les alimens ne se mesurent pas seulement sur les besoins physiques, mais encore sur les habitudes : ils doivent être proportionnés à la fortune du père qui les doit, et à l'éducation de l'enfant qui en a besoin.

Le C. TRONCHET dit que l'obligation imposée au père de fournir des alimens à son fils est absolue ; mais que la loi doit se borner à en consacrer le précepte, et laisser le juge l'appliquer suivant les circonstances : la loi ne peut pas poser une règle générale d'application, parce que l'obligation des pères varie selon leur fortune et leur état. Le juge n'a pas besoin de lois pour empêcher un père opulent de chasser son fils lorsque son éducation est achevée. Les juges doivent encore avoir égard à la position du père. Il est possible, par exemple, qu'un père ait un grand nombre d'enfans et ait beaucoup dépensé pour leur éducation. Si l'ón descend dans les classes les moins opulentes, l'obligation du père se réduit à mettre ses enfans en état de travailler. Le juge saura faire toutes ces distinctions.

Le PREMIER CONSUL dit qu'à la vérité la loi ne peut pas déterminer précisément la quotité des alimens qui seront dus par le père ; mais elle peut déclarer en général que le père est tenu de nourrir et d'élever ses enfans mineurs, et de les établir quand ils sont majeurs, ou de leur fournir des alimens. Le fils, en effet, a un droit acquis aux biens du père : l'effet de ce droit est suspendu tant que le père vit ; mais alors même il se réalise dans la mesure des besoins du fils. Cependant, si la loi déclare qu'il n'est point dû d'alimens au fils majeur, elle met les tribunaux dans l'impossibilité d'en adjuger.

Le C. RÉAL demande ce que deviendra le respect

filial, si le père et le fils sont obligés de vivre ensemble, après que ce dernier a été installé dans la maison paternelle par le ministère d'un huissier.

Le C. CRETET dit que la discussion seule a fait apercevoir dans l'article une limitation que ne présente point sa rédaction. Il y a peut-être du danger à ce que la loi établisse formellement l'obligation du père pour tous les cas : mais il suffit qu'elle ne porte point de limitation; alors ces sortes de questions demeurent abandonnées à la prudence du juge.

Le C. TRONCHET propose de dire que « le père » est tenu de nourrir ses enfans toutes les fois qu'ils » sont dans le besoin, et que ses facultés le lui permettent. »

L'article est adopté avec l'amendement du C. *Tronchet.*

Le C. BERLIER observe que la seconde partie de cet article est inutile, parce que le père a naturellement action pour obtenir des alimens de sa fille, même lorsqu'elle est mariée, et que cette action est dirigée indirectement contre le gendre; qu'il ne peut pas y avoir de difficuté sur son action contre son fils marié.

Le CONSUL CAMBACÉRÉS dit que l'article doit être rédigé dans ce sens, 1.° qu'une marâtre ne puisse venir demander des alimens à son beau-fils; 2.° que le beau-père ne puisse demander des alimens à son gendre que pendant la vie de la femme de ce dernier, et celle des enfans nés de leur mariage : car si la femme et les enfans sont décédés, le gendre devient étranger à son beau-père, sur-tout lorsque ce gendre s'est remarié.

La deuxième partie de l'article est retranchée, et la proposition du Consul *Cambacérés* adoptée.

L'article III est adopté; il est ainsi conçu :

« Les alimens ne sont accordés que dans la proportion » du besoin de celui qui les réclame, et de la fortune de » celui qui les fournit. »

L'article IV est soumis à la discussion; il est ainsi conçu :

« Lorsque celui qui fournit ou celui qui reçoit les » alimens, sont replacés dans un état tel, que l'un ne » puisse plus les donner, ou que l'autre n'en ait plus

» besoin en tout ou en partie, la décharge ou réduction
» peut en être demandée. »

Le C. Boulay dit que cet article paraît inutile, puisque les articles I et II n'admettent l'obligation de fournir des alimens que lorsqu'il y a besoin d'un côté et facultés de l'autre.

Le C. Réal dit que l'article est nécessaire pour détruire le jugement par lequel les alimens ont été accordés.

L'article est adopté.

L'article V est soumis à la discussion; il est ainsi conçu :

« Celui qui ne peut payer une pension alimentaire,
» reçoit dans sa demeure, nourrit et entretient celui au-
» quel il doit des alimens, pourvu que son revenu et
» son travail suffisent pour fournir de semblables se-
» cours. »

Le Premier Consul dit qu'il conviendrait d'abandonner à la prudence du juge tout ce que cet article érige en dispositions formelles.

Le C. Réal observe que l'article érige en dispositions la jurisprudence actuelle.

Le C. Emmery dit que la faculté de recevoir en sa demeure, de nourrir et d'entretenir celui auquel les alimens sont dus, n'était admise que dans le cas où celui qui les devait ne pouvait fournir une pension alimentaire. Cette jurisprudence avait pour objet d'empêcher que le père, à qui seul alors les alimens étaient dus, ne les reçût d'une manière trop pénible : mais aujourdhui que l'obligation de fournir des alimens est étendue au père, il faut qu'il puisse offrir à son fils de le recevoir dans sa demeure et à sa table; autrement, et si le père devait au fils des secours pécuniaires, celui-ci les dissiperait à mesure qu'ils lui seraient payés, et reviendrait sans cesse faire valoir ses besoins.

Le C. Tronchet dit qu'il sent toute la justesse de cette réflexion. Il propose en conséquence de donner, par l'article I.er, l'alternative au père, et de laisser l'art. V dans sa généralité.

L'article est adopté avec la proposition du C. *Tronchet.*

L'article VI, sur la proposition du Consul *Cambacérés*, est ajourné, et renvoyé au titre *des Successions*; il est ainsi conçu :

« Les époux contractent aussi, par le seul fait du » mariage, l'obligation de transmettre à leurs enfans une » portion quelconque de leurs biens : la loi détermine » la quotité de cette portion, dont ils ne peuvent dis- » poser à titre gratuit, au préjudice de leurs enfans. »

Les articles VII et VIII sont ajournés, et renvoyés au titre *de la Filiation ;* ils sont ainsi conçus :

Art. VII. « Le mariage, valablement contracté, légi- » time de plein droit les enfans nés des deux conjoints » d'un commerce libre. »

Art. VIII. « Le mariage contracté à l'extrémité de » la vie, entre deux personnes qui avaient vécu en » concubinage, ne légitime point les enfans qui en » seraient nés avant ledit mariage ; ces enfans, pourvu » qu'ils soient légalement reconnus, peuvent réclamer » les droits accordés aux enfans nés hors mariage. »

Le C. Réal présente la section I.re du chapitre V, intitulé, *des Droits et des Devoirs respectifs des Époux.*

L'article I.er est soumis à la discussion, et adopté en ces termes :

« Les époux se doivent mutuellement fidélité, secours, » assistance.

» Le mari doit protection à sa femme; la femme obéis- » sance à son mari. »

L'article II est soumis à la discussion; il est ainsi conçu :

« La femme est obligée de demeurer avec le mari, et » de le suivre par-tout où il jugera à propos de résider; » le mari est obligé de la recevoir, et de lui fournir tout » ce qui est nécessaire pour les besoins de la vie, selon » ses facultés et son état.

» Si le mari voulait quitter le sol de la République, » il ne pourrait contraindre sa femme à le suivre, si ce » n'est dans le cas où il serait chargé, par le Gouver- » nement, d'une mission à l'étranger exigeant rési- » dence. »

La première partie de cet article est adoptée.

Le C. Réal observe, sur la seconde, que le projet

de Code civil portait, *le sol continental ou colonial de la République*. Les tribunaux ont demandé la suppression de ces mots, et la section l'a adoptée.

Le C. REGNAUD (de Saint-Jean-d'Angely) dit qu'un Français peut être appelé dans les colonies par ses affaires; qu'alors il doit lui être permis de forcer sa femme à le suivre, parce qu'il peut voir des inconvéniens à la laisser éloignée de lui.

Le PREMIER CONSUL pense que l'obligation où est la femme de suivre son mari est générale et absolue.

Le C. EMMERY dit que cependant cette obligation ne doit pas aller jusqu'à suivre le mari dans l'étranger.

Le C. REGNAUD (de Saint-Jean-d'Angely) dit que, sans doute, le mari n'a pas le droit de faire de sa femme une étrangère; mais que cependant il ne doit pas être forcé de s'en séparer, lorsque ses affaires le conduisent hors du territoire français.

Le PREMIER CONSUL dit que l'obligation de la femme ne doit recevoir aucune modification, et que la femme est obligée de suivre son mari toutes les fois qu'il l'exige.

Le C. RÉAL demande comment on y forcera la femme lorsqu'elle ne voudra pas y consentir.

Le C. REGNAUD (de Saint-Jean-d'Angely) répond que le mari lui fera une sommation de le suivre; et que si elle persiste à s'y refuser, elle sera réputée l'avoir abandonné.

Le C. RÉAL répond qu'il faudra cependant un jugement; il demande comment on parviendra à l'exécuter.

Le PREMIER CONSUL dit que le mari cessera de donner des alimens à sa femme.

Le C. TRONCHET observe que cette discussion est une anticipation sur la matière du divorce. Les tribunaux ont remarqué que l'abandon appliqué au divorce serait le rétablissement de la cause d'incompatibilité d'humeur.

Le C. BOULAY dit que toutes ces difficultés doivent être abandonnées aux mœurs ou aux circonstances.

La seconde partie de l'article est retranchée.

L'art. III est soumis à la discussion ; il est ainsi conçu :

« La femme ne peut ester en jugement sans l'assis-
» tance de son mari, quand bien même elle serait mar-
» chande publique, ou non commune ou séparée de
» biens.

» L'assistance du mari n'est pas nécessaire, lorsque
» la femme est poursuivie en matière criminelle ou de
» police. »

Le C. BOULAY demande qu'on substitue le mot *autorisation* au mot *assistance*, lequel a un autre sens dans l'article I.er

L'article est adopté avec l'amendement.

L'art. IV est soumis à la discussion; il est ainsi conçu :

« La femme, même non commune ou séparée de
» biens, ne peut donner, aliéner, accepter une succession
» ou une donation, ni hypothéquer, sans le consen-
» tement par écrit ou le concours du mari dans l'acte.

» Le consentement du mari, quoique postérieur à
» l'acte, suffit pour le valider. »

Le C. MALEVILLE rappelle que, dans les pays de droit écrit, la femme avait des biens paraphernaux dont elle disposait sans le consentement de son mari.

Le C. PORTALIS dit que c'était un abus qui donnait au mari la facilité de dissiper les biens de son épouse : là le mari n'était pas retenu par la nécessité de donner une autorisation publique.

Le C. MALEVILLE répond qu'en pays coutumier, le mari peut aussi dissiper les biens de sa femme, puisqu'ils deviennent aliénables avec son consentement ; que du moins en pays de droit écrit, le mari ne peut toucher à la dot.

Le C. CRÉTET observe que le mari est retenu, en pays coutumier, par l'obligation de répondre des aliénations qu'il autorise.

Le C. TRONCHET dit que le droit écrit se contredit lui-même lorsqu'il établit d'un côté cette maxime, *Interest reipublicæ mulieres indotatas non relinquere ;* et que de l'autre il permet aux femmes de disposer de tous leurs biens, pourvu qu'elles leur donnent le caractère de biens paraphernaux. Il faut que le mari puisse veiller à la conservation des biens de son épouse.

Le C. MALEVILLE dit que le moyen de prévenir les dissipations de la femme, est de déclarer une partie de ses biens inaliénable.

Le C. PORTALIS dit qu'il vaut mieux laisser aux époux la liberté de régler, comme ils le jugent convenable, les conditions de leur mariage.

Le C. TRONCHET dit que le projet de Code civil a été rédigé dans cet esprit : les époux sont entièrement libres dans leurs conventions matrimoniales, quoique le Projet règle les effets des stipulations les plus ordinaires et les plus connues ; mais il exige, comme une garantie contre les aliénations désavantageuses des biens de la femme, l'autorisation du mari.

Le C. MALEVILLE observe que, suivant l'article, la femme ne pourrait aliéner, même ses meubles, sans y être autorisée.

Le C. RÉAL répond qu'elle a cette faculté lorsqu'elle est non commune ou séparée de biens.

Le C. REGNAUD (de Saint-Jean-d'Angely) dit que, pour l'en priver dans le fait, il faudrait aller jusqu'à lui ôter l'usage et la disposition de ses biens meubles ; car aucune précaution ne l'empêcherait de vendre ses diamans et ses bijoux, fût-elle même en communauté.

Le C. CRÉTET demande si la femme peut acheter des immeubles sans l'autorisation du mari.

Le C. TRONCHET répond qu'elle ne le peut pas, parce qu'elle aliénerait un capital, ou qu'elle s'obligerait,

Le C. REGNAUD (de Saint-Jean-d'Angely) dit qu'il suffirait de lui défendre, en général, de s'obliger sans autorisation.

Le C. RÉAL répond que la défense d'hypothéquer ses immeubles est une précaution suffisante.

Le C. REGNAUD (de Saint-Jean-d'Angely) dit que néanmoins la femme pourrait acheter ou à un prix trop haut, ou des biens peu avantageux ; que pour lui éviter ces pertes, on doit exiger qu'elle n'achète qu'avec l'autorisation de son mari.

Le C. TRONCHET dit qu'une raison très-morale

vient à l'appui de l'opinion du C. *Regnaud.* L'ordonnance de 1731 défendait à la femme d'accepter une donation sans l'autorisation de son mari, parce qu'il est utile que le mari connaisse les causes de la donation. Ce motif doit faire étendre l'incapacité de la femme au cas où elle veut acquérir ; car au lieu de recevoir un immeuble en nature, elle pourrait recevoir l'argent nécessaire pour l'acheter.

L'article est adopté avec l'amendement du C. *Regnaud.*

L'article V est soumis à la discussion ; il est ainsi conçu :

« Si le mari refuse son assistance, le juge peut autoriser la femme à l'effet d'ester en jugement.

» Si c'est à un acte qu'un mari refuse son autorisation et son adhésion, la femme a la faculté de le faire directement citer devant le tribunal de première instance de l'arrondissement du domicile commun, qui peut donner ou refuser son autorisation, après avoir entendu le mari, ou lui dûment appelé en la chambre du conseil. »

Le C. Defermon dit que le mari ne peut pas être suppléé par le juge, puisqu'il s'oblige personnellement par l'autorisation qu'il donne à sa femme.

Le C. Tronchet répond qu'il ne s'oblige point envers les tiers ; que seulement il contracte envers sa femme l'obligation de surveiller l'emploi.

L'article est adopté.

L'article VI est soumis à la discussion ; il est ainsi conçu :

« La femme, si elle est marchande publique, peut, sans le consentement de son mari, s'obliger pour ce qui concerne son négoce ; et audit cas, elle oblige aussi son mari, s'il y a communauté entre eux.

» Elle n'est pas réputée marchande publique, si elle ne fait que détailler les marchandises dont son mari se mêle, mais seulement quand elle fait un commerce séparé. »

Le C. Crétet demande si la femme marchande publique, et qui n'est point commune en biens, soumet son mari à la contrainte par corps par les engagemens qu'elle contracte.

Le C. TRONCHET répond que l'acte emportant contrainte par corps n'y soumet que la personne qui l'a signé.

Le C. BOULAY dit que cette question n'appartient pas à la matière qu'on discute.

Le C. RÉAL dit que le tribunal d'appel de Dijon demande qu'on la décide : ce tribunal veut même que le mari soit obligé par la femme marchande publique, toutes les fois qu'il y a communauté de biens.

Le C. TRONCHET dit que la communauté est affectée dans tous les cas par les dettes que contracte la femme marchande publique.

L'article est adopté.

L'article VII est adopté ; il est ainsi conçu :

« Lorsque le mari se trouve frappé d'une condamnation emportant peine afflictive ou infamante, encore » qu'elle n'ait été prononcée que par contumace, la » femme, même majeure, ne peut, pendant la durée » de la peine, ester en jugement, ni contracter qu'après » s'être fait autoriser par le juge, qui peut, audit cas, » donner l'autorisation, sans que le mari ait été entendu » ou appelé. »

L'article VIII est soumis à la discussion ; il est ainsi conçu :

« Si le mari est interdit pour cause de démence, » ou s'il est absent, le juge peut, en connaissance » de cause, autoriser la femme, soit pour ester en juge- » ment, soit pour contracter. »

LE PREMIER CONSUL demande si la section veut parler d'un mari seulement absent du lieu où se trouve la femme, ou si elle parle du mari déclaré absent.

Le C. BERLIER dit que la femme serait trop longtemps dans l'impuissance d'agir, si elle ne pouvait obtenir l'autorisation du juge avant que son mari eût été déclaré absent ; qu'au surplus le tribunal ne donne l'autorisation qu'en connaissance de cause.

Le C. TRONCHET dit que cette dernière raison dissipe toute crainte, et permet de donner plus de latitude à la disposition. Autrefois on accordait l'autorisation sur simple requête : les lieutenans civils *d'Argouges* et *Angran* ont voulu qu'elle ne le fût qu'en connaissance de cause ; ce qui sauve tous les inconvéniens, et permet de laisser subsister un usage nécessaire; car il est possible que quoiqu'un mari ne soit pas éloigné, il y ait cependant tellement urgence, que la femme n'ait pas le temps de prendre son autorisation.

L'article est adopté.

L'article IX est soumis à la discussion ; il est ainsi conçu :

« Toute autorisation générale, même stipulée par » contrat de mariage, n'est valable que quant à l'ad- » ministration des biens de la femme, et non quant à » l'aliénation desdits biens. »

Le C. MALEVILLE dit qu'on a mis en question si une autorisation générale donne à la femme le droit d'ester en jugement.

Les CC. TRONCHET et BOULAY répondent que ses effets ne vont pas jusque là, et sont bornés à l'administration des biens de la femme.

Le C. MALEVILLE dit que, pour généraliser la disposition, on pourrait retrancher ce dernier membre de l'article, *et non quant à l'aliénation desdits biens*.

L'article est adopté avec cette suppression.

Les articles X, XI et XII sont adoptés; ils sont ainsi conçus :

Art. X. « Si le mari est mineur, l'autorisation du juge » est nécessaire à la femme, soit pour ester en jugement, » soit pour contracter. »

Art. XI. « La nullité fondée sur le défaut d'autorisa- » tion du mari en jugement, ou de son consentement » à l'acte, ou de l'autorisation supplétive du juge, ne » peut être opposée que par la femme, par le mari ou » par leurs héritiers. »

Art. XII. « La femme peut tester sans le consentement » ni l'autorisation de son mari. »

La Séance est levée.

À PARIS, DE L'IMPRIMERIE DE LA RÉPUBLIQUE.
15 Brumaire an X.

www.ingramcontent.com/pod-product-compliance
Ingram Content Group UK Ltd.
Pitfield, Milton Keynes, MK11 3LW, UK
UKHW020227180726
13838UKWH00005B/2240

9 782329 411798